COLLECTION

DE

FEU M. SAMUEL HITCHCOCK

OBJETS D'ART ANCIENS

DU

JAPON ET DE LA CHINE

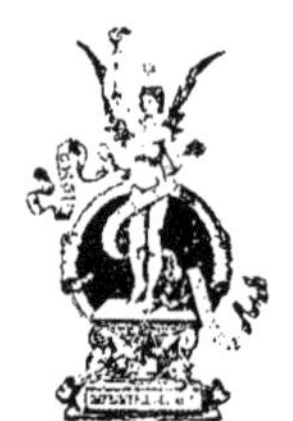

CATALOGUE

DES

OBJETS ANCIENS

DU JAPON ET DE LA CHINE

JADES ET MATIÈRES DURES

LAQUES

Inros, Peignes

NETZUKÉS, SCULPTURES EN IVOIRE ET EN BOIS

PORCELAINES. POTERIES

GARDES, KODZUKA, ARMES

Bronzes, Fers, Émaux cloisonnés, Orfèvrerie, Flacons-Tabatières, Albums
Objets variés, Étoffes

COMPOSANT LA COLLECTION DE FEU M. SAMUEL HITCHCOCK

ET DONT LA VENTE AURA LIEU

HOTEL DROUOT, SALLE N° 3

Les Lundi 9, Mardi 10, Mercredi 11 et Jeudi 12 Mai 1892

à 2 heures

COMMISSAIRE-PRISEUR
Mᵉ MAURICE DELESTRE
27, rue Drouot, 27

EXPERT
M. CHARLES MANNHEIM
7, rue Saint-Georges, 7

EXPOSITION PUBLIQUE

Le Dimanche 8 Mai 1892, de une heure et demie à cinq heures et demie

CONDITIONS DE LA VENTE

Elle sera faite au comptant.

Les Acquéreurs paieront *cinq pour cent* en sus du prix d'adjudication.

L'Exposition mettant les acquéreurs à même de se rendre compte de l'état et de la nature des objets, il ne sera admis aucune réclamation une fois l'adjudication prononcée.

Paris. — Imp. de l'Art. E. Ménard et Cie, 41, rue de la Victoire.

DÉSIGNATION DES OBJETS

JADES ET MATIÈRES DURES

1 — Cornet quadrilatéral à renflement médian, en jade gris de la Chine sculpté et gravé : motifs divers et arêtes saillantes. Socle en bois.

2 — Cornet de forme hexagonale avec renflement médian, en jade gris de la Chine sculpté et gravé : caractères d'écriture, lambrequins, rosaces et arêtes saillantes. Socle en bois.

3 — Vase balustre plat en jade vert de la Chine, avec anses ajourées prises dans le bloc ; décor de branches fleuries en léger relief.

4 — Petit flacon en forme de vase balustre plat avec couvercle, chaînettes et plaque de suspension en jade gris de la Chine gravé à paysages et motifs variés.

5 — Petit vase balustre plat en jade gris de la Chine, à motifs irréguliers en léger relief : sur

un des côtés sont sculptées en haut-relief deux chauves-souris.

6 — Brûle-parfums circulaire tripode non couvert et à deux anses, en jade gris verdâtre de la Chine.

7 — Petit vase balustre en jade vert de la Chine sculpté en léger relief : motifs irréguliers ; deux petites anses prises dans la masse.

8 — Petit vase balustre à long col en jade gris de la Chine, anses carrées prises dans la masse, et décor en faible relief.

9 — Gourde en jade gris de la Chine ajouré et sculpté. Base en bois.

10 — Figurine de personnage debout priant, en jade gris de la Chine. Base en bois.

11 — Coupe ronde présentant au fond deux poissons en relief, jade gris de la Chine. Socle en bois.

12 — Tasse à huit pans et anse prise dans la masse, accompagnée d'un plateau présentoir oblong en jade gris de la Chine.

13 — Pot à thé de forme sphérique avec couvercle,

en jade gris de la Chine sculpté en léger relief : branches fleuries.

14 — Petite jardinière carrée à pourtour oblique et anses prises dans la masse, en jade gris de la Chine.

15 — Deux presse-papiers en jade gris de la Chine : dragons rampant.

16 — Petite coupe ronde en jade gris de la Chine. Au fond, un dragon en léger relief.

17 — Fragment en jade gris de la Chine, en forme de fleur entr'ouverte et enrubanée.

18 — Coupe libatoire en jade blanc de la Chine, ornée de rinceaux en faible relief.

19 — Très petit vase balustre à deux anses en jade blanc de la Chine.

20 — Figurine de personnage debout auprès de la grue de longévité. Jade gris de la Chine.

21 — Coupe en forme de feuille d'eau en jade gris de la Chine gravé et sculpté.

22 — Statuette en jade gris de la Chine : person-

nage debout tenant une gourde, un bélier auprès de lui. Socle en bois.

23 — Petite coupe de forme contournée en sardoine, ornée de branches de ling-tchi en relief. Chine.

24 — Coupe oblongue lobée en calcédoine : des dragons en relief rampent à l'intérieur et le long des parois. Chine.

25 — Flacon à anse porté par un canard en cristal de roche sculpté, évidé et gravé. Chine.

26 — Presse-papiers en cristal de roche simulant des rochers. Chine.

27 — Flacon en cristal de roche formé de deux flacons cylindriques accouplés. Chine.

28 — Coupe de forme contournée en agate grise, présentant en relief des branches de ling-tchi. Base en bois. Chine.

29 — Porte-fleurs simulant un tronc d'arbre en cornaline. Chine.

30 — Porte-fleurs en cornaline à deux couches simulant une feuille d'eau avec branchages ajourés et en relief. Socle en bois. Chine.

31 — Porte-fleurs en sardoine, en forme de tronc d'arbre le long duquel poussent des chrysanthèmes. Socle en ivoire teint. Chine.

32 — Disque en agate rubanée. Socle en bois. Chine.

33 — Vase balustre plat en cristal de roche gravé, anses prises dans la masse ; garniture en argent. Base en bois.

34 — Cachet en cristal de roche à poignée en forme de chien de Fô. Chine.

LAQUES DU JAPON

35 — Boite carrée en laque du Japon, présentant sur le couvercle une habitation et des arbres en laque d'or à reliefs sur fond noir pailleté or ; les fenêtres de la maison en écaille laquée sont mobiles à coulisses ; l'intérieur du couvercle offre une terrasse au bord d'une rivière avec montagnes à l'arrière-plan en laque à reliefs et frotté or, noir et aventurine.

36 — Écritoire carrée en laque du Japon, ornée sur le couvercle en laque or et couleurs d'une conque en fort relief sur fond jaspé ; le revers du cou-

vercle est décoré d'un paysage laqué or et couleurs sur fond aventuriné. Accessoires en métal.

37 — Écritoire carrée en laque du Japon : deux personnages, placés sur la rive d'un cours d'eau, remorquent une barque qu'un troisième fait avancer au moyen d'une longue perche ; le tout laqué or et couleur à reliefs sur fond aventuriné ; le revers du couvercle offre deux hérons laqués or et argent à reliefs sur champ aventuriné. Accessoires en métal.

38 — Écritoire carrée en laque du Japon, ornée, en laque d'or plat sur fond noir, d'un cerf au milieu d'arbustes en fleurs ; le revers du couvercle offre des rochers battus par les flots au clair de lune. Le tout en laque d'or pavé de paillettes d'or et à fort relief. Accessoires en laque d'or et métal.

39 — Écritoire carrée en laque du Japon, ornée de bambous laqués or sur fond noir ; au revers du couvercle, en laques frotté et à léger relief, un arbre en fleurs ; accessoires en métal : même décor à l'intérieur que sur le couvercle.

40 — Boite oblongue en laque d'or du Japon ; sur le couvercle, paysage en léger relief laqué or sur fond noir.

41 — Boîte oblongue en laque d'or du Japon ; sur

le couvercle, trois petits paysages laqués noir et or à faible relief.

42 — Boite oblongue à deux compartiments superposés en laque or, noir et aventurine du Japon à reliefs : paysages au pourtour et sur chaque face du couvercle.

43 — Boîte carrée en laque or, argent et poudré du Japon, avec applications de paillettes métalliques; elle est décorée d'une barque contenant deux personnages au bord d'une rivière et contient quatre autres boites ornées chacune d'un personnage et d'inscriptions laqués or et couleurs.

44 — Boite oblongue de forme haute avec plateau à l'intérieur en laque or et argent à reliefs du Japon; décor de paysages sur fond poudré or et noir; le plateau est orné de même.

45 — Petit cabinet à une porte en laque du Japon, orné sur fond laqué or de fleurs, papillons, mantes religieuses et libellules en laque de couleurs et or à léger relief.

46 — Boite oblongue en laque d'or du Japon; sur le couvercle, paysage maritime et montagneux, en laque d'or sur fond noir.

47 — Écritoire en laque d'or et d'argent à reliefs : le

disque de la lune se levant au-dessus d'un rocher battu par la mer; à l'intérieur, des fougères arborescentes avec parties décorées de feuilles d'or; pierre à broyer l'encre, compte-gouttes et compartiments. Japon.

48 — Écritoire en laque d'or et d'argent à reliefs sur fond noir avec parties en or incrusté : vautour sur un rocher au bord de la mer; à l'intérieur, pierre à broyer l'encre et compte-gouttes. Japon.

49 — Écritoire en laque d'or et d'argent à fort relief sur fond noir avec pavages d'or : une mouche, rapportée en shakoudo, est posée sur un tronc d'arbre; à l'intérieur, chrysanthèmes en fleurs sur fond aventurine : pierre à broyer l'encre et compte-gouttes.

50 — Boite cylindrique à trois compartiments superposés en laque d'or et aventurine : haie et branches de chrysanthèmes. Japon.

51 — Autre en laque d'or et aventurine : fleurs de chrysanthèmes. Japon.

52 — Boite ronde de forme haute aux armes de Taïko et du Mikado, en laque d'or sur fond aventurine. Japon.

53 — Boîte à trois compartiments superposés en laque d'or et couleurs : chiens de Fô sur fond de bâtons rompus. Japon.

54 — Deux boîtes, l'une simulant un coquillage (?) en laque d'or; l'autre, un papillon en laque d'or et couleurs avec applications de burgau. Japon.

55 — Trois boîtes variées en laque noir, décor laqué or et argent : rinceaux, fougères, chauve-souris. Japon.

56 — Boîte simulant un éventail en laque plat d'or et couleurs avec applications de burgau : insectes voletant et butinant sur des feuillages.

57 — Boîte simulant deux larges feuilles se recouvrant en partie, en laque, à léger relief, d'or, or mat et couleurs : le couvercle présente un orgue à bouche (siô), une coiffure, et des feuillages dont quelques-uns en or métallique incrusté.

58 — Boîte à deux compartiments superposés et couvercle les recouvrant en laque or et argent : groupes d'arbres.

59 — Boîte en laque d'or mat rehaussé de couleurs : elle représente Daïkokou accoudé à l'orifice de son sac, qui ne le laisse voir qu'en buste, le reste du corps étant à l'intérieur.

60 — Boite carrée en laque plat, or et couleurs avec applications de feuilles d'or et de plaques de burgau : corbeille et vases de fleurs sur fond noir pailleté or. Japon.

61 — Écritoire en laque d'or et couleurs à reliefs : sur le couvercle, une koto (harpe japonaise) et une branche de chrysanthèmes sur fond noir pailleté or et aventurine ; à l'intérieur : chevaux dans la campagne ; pierre à broyer, compte-gouttes et compartiments. Japon.

62 — Boite à écrire en laque d'or et d'argent à faible relief avec parties pavées d'or : les flots de la mer ; à l'intérieur, le disque de la lune à demi caché par les nuages. Enveloppe en satin broché. Japon.

63 — Boite haute formée de deux boites losangées engagées l'une dans l'autre, en laque d'or et d'argent à reliefs avec parties pavées en métal : vue d'une ile ; au pourtour, un quinconce de chrysanthèmes à seize pétales ; plateau intérieur semé de feuillages. Japon.

64 — Écritoire en laque d'or et d'argent à fort relief avec entourage réservé en bois naturel : faucon sur un rocher au milieu d'une chute d'eau ; au revers du couvercle, vol d'oiseaux

laqués et en application de feuilles d'or, sur fond aventurine : à l'intérieur, pierre à broyer l'encre, godet, pinceaux et compartiments. Japon.

65 — Écritoire oblongue en laque d'or à reliefs sur fond aventurine : oiseaux perchés sur des joncs et des roseaux ; le revers du couvercle présente une rivière ; à l'intérieur, pierre à broyer l'encre et compte-gouttes en métal. Japon.

66 — Vase en bois laqué couleurs et or à relief : décor formé d'une corbeille et de fruits sur fond noir pailleté or ; revêtement intérieur et dessous en shakoudo. Japon.

67 — Boîte simulant une koto en laque plat d'or et couleurs ; plateau intérieur. Japon.

68 — Boîte longue en laque d'or et d'argent à léger relief sur fond noir pailleté or : éventail et chrysanthèmes ; parties pavées or. Japon.

69 — Boîte allongée en laque plat or et aventurine : fleurettes. Japon.

70 — Boîte allongée en laque noir sablé or avec coquillages rapportés. Japon.

71 — Plateau en laque d'or et argent à reliefs : rochers au bord de l'eau. Japon.

72-73 — Onze coupes à saké variées en laque à fond rouge ou aventurine : paysages, poupées, lutteurs, roseaux, personnages, tortues, gerbes de fleurs, inscription, oiseaux.

74 — Boite carrée de forme haute à deux compartiments superposés en laque du Japon ; le pourtour est laqué argent ; le couvercle présente une gerbe de branches fleuries et une inscription en laque or sur fond poudré noir et or ; le revers du couvercle est orné d'un paysage.

75 — Boite haute avec plateau à l'intérieur en laque du Japon : réserves rectangulaires, circulaires ou en forme d'éventails contenant des personnages et animaux laqués or, argent et couleurs à léger relief sur fond noir.

76 — Boite oblongue de forme haute en laque du Japon, ornée de branches fleuries laquées or et couleurs sur fond noir au pourtour, sur fond rouge sur le couvercle ; à l'intérieur, un plateau contenant plusieurs petites boites et une série de jetons en ivoire laqué servant au jeu des parfums.

77 — Boite à parfums en laque d'or du Japon, à couvercle formé de deux valves de coquilles engagées l'une sur l'autre et dont la boite épouse les contours ; l'une des valves présentant sa face

intérieure est ornée d'un paysage maritime, l'autre offre sa face extérieure.

78 — Boite à parfums plate en laque d'or du Japon; elle présente deux poupées vêtues de riches costumes.

79 — Boite à parfums en laque d'or du Japon à léger relief formée de deux boites rondes engagées ; sur le couvercle, deux personnages regardent une tortue et une grue.

80 — Boite à parfums en laque du Japon formée de deux boites oblongues engagées l'une dans l'autre : sur le couvercle laqué or et couleurs, un vol de grues en léger relief; sur le pourtour, paysage en laque d'or.

81 — Boite en forme de losange à quatre compartiments superposés en laque du Japon, décorée d'une clôture en bambou enguirlandée de fleurs et feuilles laquées or et argent sur fond aventurine. Enveloppe en étoffe.

82 — Boite à parfums en forme de losange en laque d'or du Japon ; fougères sur le couvercle.

83 — Deux boites à parfums cordiformes en laque d'or du Japon à faible relief: volailles auprès d'une haie, et branches fleuries.

84 — Petite boite oblongue en laque du Japon ; sur le couvercle, la légende du buveur de saké ivre en laque or et couleurs à léger relief sur fond frotté ; à l'intérieur, un plateau et trois petites boites laqués or.

85 — Petite boîte de forme contournée en laque du Japon or et aventurine ornée de chrysanthèmes.

86 — Deux petites boites plates en laque du Japon, l'une laquée or, à couvercle simulant une étoffe semée de chrysanthèmes ; l'autre ornée d'insectes sur fond pailleté.

87 — Petite table-étagère oblongue en laque : la tablette supérieure présente, en laques d'or et d'argent, à reliefs sur fond aventuriné, un paysage au clair de lune, avec le mont Fuji au second plan ; la tablette inférieure offre une vue de cours d'eau avec montagnes à l'arrière-plan. Japon.

88 — Table à écrire, de forme oblongue, en laque d'or et d'argent à reliefs sur champ brun, partiellement poudré et aventuriné ; un paysage traversé par une rivière avec montagnes au fond. Japon.

89 — Petite étagère à deux tiroirs en laque, offrant sur fond noir les armes des shiogoun Tokougava et un semé de fougères laquées or.

90 — Boite à parfums circulaire et plate en laque d'or du Japon, simulant une fleur de chrysanthème.

91 — Boite de forme contournée en laque d'or du Japon à faible relief, ornée d'écrans, tambourins, etc.: plateau intérieur décoré de même.

92 — Boite lenticulaire en laque d'or du Japon, décorée de branches fleuries : à l'intérieur, deux figures de Kouan-on en bois naturel sculpté en bas-relief et rehaussé de couleurs et or.

93 — Boite en forme de koto, harpe japonaise, en laque d'or et couleurs du Japon, avec incrustations de burgau: paysage à l'intérieur.

94 — Boite à parfums plate en laque d'or du Japon: lapins dans la campagne.

95 — Petit pot à cendres en forme de tonnelet, en laque d'or du Japon, à décor de branches fleuries.

96 — Petit étui cylindrique en laque d'or du Japon avec applications de burgau : feuillages et oiseaux; enveloppe en étoffe.

97 — Deux pièces : petit pot couvert en bois naturel

à décor laqué or, et boîte en laque frotté ornée de voiles de bateaux.

98 — Quatre pièces en laque du Japon : deux boîtes lenticulaires et deux petites boites plates, fleurs et oiseaux.

99 — Petite étagère à trois tiroirs en laque du Japon décoré sur fond noir de branches de fleurs en couleurs.

100 — Cantine à deux tiroirs et deux récipients en laque du Japon imitant le bois ; le revers simule un paravent et présente un paysage laqué or et noir.

101 — Cantine composée d'une monture-étagère, de deux petits plateaux et de deux boites à trois compartiments en laque du Japon, décoré de fleurs laquées or et couleurs sur fond noir, avec têtes de clous métalliques.

102 — Petit cabinet en laque du Japon, à trois tiroirs, à décor de chrysanthèmes laquées or sur fond noir.

103 — Petit cabinet en laque du Japon, à trois tiroirs, décoré de paysages laqués or, animés de personnages rapportés en métal.

104 — Plateau carré en laque du Japon, or et couleurs à faible relief : barques et ilots au milieu de la mer.

105 — Petit plateau carré en laque du Japon, or et couleurs à reliefs : personnages jouant.

106 — Grande boite en laque du Japon; elle est ornée sur fond noir d'un cavalier portant l'armure complète et tenant un arc en laque or, argent et couleurs à léger relief.

107 — Grande boite en bois et écorce : sur le couvercle sont rapportés trois médaillons variés, laqués noir et or, à branches fleuries et oiseaux; le revers du couvercle présente un vol de papillons en laque d'or, burgau, écaille et corne, passant au-dessus d'une rivière, laquée or à relief et sur champ noir pailleté or. Japon.

108 — Malle en laque du Japon, à décor d'armoiries sur fond noir; garnitures de cuivre.

109 — Boite oblongue en laque or et couleurs du Japon; paysages au pourtour.

110 — Cabinet à deux portes et nombreux tiroirs en laque du Japon : décor d'oiseaux, branches fleuries, objets mobiliers en couleurs sur fond noir.

111 — Gourde à double renflement en laque du Japon, décor de feuillages laqués or et aventurine, sur fond marron.

112 — Boite carrée à angles arrondis en laque rouge à reliefs : personnage dans un paysage.

113 — Petit cabinet à deux portes et nombreux tiroirs intérieurs et extérieurs en laque aventuriné et ivoire partiellement laqué à reliefs et burgauté; décor de rochers et d'oiseaux.

114 — Très petite étagère à un tiroir en bois, décor de fruits laqués en léger relief.

115 — Cinq ronds de serviettes, laqués or.

116 — Boite oblongue en laque noir incrusté de burgau : jeux d'enfants, champ carrelé. Japon.

117 — Grande boite de forme allongée, en bois laqué noir ; sur le couvercle, oiseau sur une branche, en laque d'or à reliefs et applications de nacre. Japon.

118 — Plateau oblong en laque noir, orné de canards en laque d'or, argent et couleurs, à reliefs, avec parties pavées d'or. Japon.

119 — Petit modèle de palanquin en bois laqué

noir et or, aux armes des shiogouns Tokougava. Japon.

120 — Support en laque rouge à reliefs; décor de feuillages et oiseaux.

121 — Petit meuble-étagère en laque rouge de Pékin, avec ornements en jade rapportés: décor gravé de grecques et svastika.

INROS, PEIGNES

122 — Inro à quatre cases; sur une face, cavalier armé d'un arc; sur l'autre, deux valets portant du gibier; laque d'or à reliefs, sur fond aventuriné.

123 — Inro à quatre cases, laqué or et couleurs : personnage lisant.

124 — Inro à trois cases: vol d'oiseaux au-dessus de rochers battus par les flots; laque frotté et à très faible relief, or et couleurs.

125 — Inro à quatre cases : grues et fougères: laque frotté, or, argent et couleurs.

126 — Inro à trois cases: branches fleuries, laquées

or avec applications de burgau et d'or métallique, sur fond en laque frotté simulant une rivière.

127 — Inro à quatre cases : chiens de Fô en applications de shakoudo et de shibuitshi dans un paysage laqué noir et or à reliefs.

128 — Inro à quatre cases : volailles en laque d'or à reliefs avec applications de burgau, sur fond poudré.

129 — Inro à quatre cases : corbeille de chrysanthèmes en laque or et couleurs, avec applications de burgau et d'or métallique, sur fond aventuriné.

130 — Inro à quatre cases : poissons en laque à reliefs, or et couleurs.

131 — Deux inros : l'un à quatre cases en laque frotté, oiseau sur une branche ; l'autre à trois cases, bambous en laque d'or à reliefs, avec applications d'or métallique.

132 — Deux inros : l'un à trois cases, vol d'oiseaux laqués noir sur fond or ; l'autre, carré de plan, à cinq cases, singes dans les arbres.

133 — Deux inros en laque d'or à reliefs : paysages, l'un à cinq cases, l'autre à quatre cases.

134 — Inro contenu dans une enveloppe laquée noir, ornée de feuilles, poisson et oiseau en laque d'or et applications de burgau et de nacre.

135 — Deux inros : l'un en ivoire, orné d'un acrobate ; l'autre en bois naturel, décoré de branches et insectes, en applications de burgau et d'écaille.

136 — Inro à quatre cases en laque noir partiellement sablé or et aventurine, avec incrustations de burgau : volailles ; bouton et coulant assortis.

137 — Inro à trois cases en ivoire, avec applications d'or, de nacre et d'écaille : dragon.

138 — Inro à quatre cases en laque d'or et couleurs à reliefs avec applications de burgau et de feuilles d'or : papillons et pivoines.

139 — Inro à quatre cases en laque d'or à reliefs : personnage sur chaque face.

140 — Inro à quatre cases en laque noir et or, avec partie en nacre rapportée : lapins.

141 — Inro à quatre cases en laque or et noir, à reliefs avec pavages d'or : paysage.

142 — Inro à quatre cases en laque, or et couleurs à faible relief : grues.

143 — Deux inros en laque or et couleurs sur fond noir, avec feuilles et paysages rapportés : l'un à cinq cases : feuillages ; l'autre à trois cases : singe sur un sanglier.

144 — Deux inros en laque noir et couleurs avec applications de burgau ; l'un à deux cases : cloche et feuillages ; l'autre à quatre cases : chrysanthèmes.

145 à 150 — Vingt-quatre peignes japonais variés en laque d'or et couleurs, ivoire, bois naturel ; quelques-uns avec applications de nacre, ivoire teint, etc. : décor de feuillages, animaux, paysages.

SCULPTURES EN IVOIRE

ET BOIS

151 à 159 — Trente et un netzukés en ivoire : Shoki et le démon, personnage jouant du tambourin, dieu de longévité, enfants, souris, animaux, etc.

160 — Deux netzukés en ivoire teinté : grenades dans un plateau, femme dans une coupe à saké.

161-162 — Neuf netzukés en bois : personnages, groupes, animaux.

163 — Statuette en ivoire : singe costumé en guerrier, debout sur deux crânes.

164 — Deux statuettes en ivoire : Shoki et un démon, guerrier et tigre.

165 — Deux statuettes en ivoire : personnages armés de lances.

166 — Singes grimpant à un arbre ; ivoire sculpté et teinté.

167 — Deux petits groupes en ivoire : deux squelettes et deux guerriers.

168 à 171 — Vingt figurines et petits groupes en ivoire sculpté ou teinté : acrobate, démons, sujets familiers, groupes de souris, fruits, jeux d'enfants, etc.

172 — Deux pièces : personnage monté sur un buffle en ivoire avec applications de burgau, et bouton en ivoire, orné d'une figure d'enfant.

173 — Boite oblongue en ivoire laqué or et couleurs du Japon : coq et branches fleuries.

174 — Petite boîte plate en contenant trois autres en ivoire laqué or. Japon.

175 — Flacon couvert en ivoire sculpté : travaux de la campagne.

176 — Quatre pièces : trois modèles de masques, bois et ivoire, et petit groupe de personnages, bois.

177 — Petit groupe en ivoire : personnage sur une barque. Japon.

178 — Pitong couvert en ivoire sculpté : scènes familières. Japon.

179 — Statuette de Kouan-on sur un lotus, porté par un chien de Fô couché. Bois peint et doré. Japon.

180 — Statuette en bois naturel rehaussé de laque et de nacre rapportée : Chinnong, inventeur de la médecine, debout, vêtu de feuilles. Japon.

181 — Trois figurines en bois laqué et doré : personnage assis, un rouleau à la main, les pieds appuyés sur des chimères; autre armé d'une lance et autre tenant un sac.

182 — Groupe en bois laqué : enfants grimpés sur le sac de Daïkokou, assis et riant.

183 — Statuette en bois laqué et doré : guerrier assis, armé d'un sabre, un carquois sur le dos. Japon.

184 — Statuette en bois laqué : personnage dansant sur le corps d'un crapaud. Japon.

185 — Autre : Bouddha debout, tenant un lotus.

186-187 — Neuf pièces : groupes et figurines en bois naturel ou laqué : rois des Nagas, Daikokou, personnages divers.

188 — Statuette en bois laqué : prêtre japonais assis.

189 — Pagode en bois laqué noir contenant une statuette de Kouan-on, assis sur l'éléphant blanc à trois têtes. Bois peint. Japon.

190 — Pagode en bois laqué noir contenant une figurine de divinité en bois peint noir, avec rideau en soie brochée.

191 — Autre contenant douze figurines de Kouan-on à six bras. Japon.

192 — Autre contenant une figurine de Kouan-on à six bras.

193 — Pagode de forme circulaire en laque frotté or sur fond noir : oiseaux, paysages : l'intérieur forme étagère mais ne contient pas de divinité. Japon.

194 — Autre de forme hexagone en bois naturel sculpté.

195 — Corbeille ovale couverte à trois compartiments superposés, en écaille sculptée et ajourée, montée en ivoire sculpté : le décor représente diverses scènes de la vie de Bouddha. Japon.

196 — Dragon tenant un fruit dans lequel est une divinité. Ornement de temple. Japon.

197 — Bol en bois sculpté et laqué rouge brun : rinceaux. Japon.

PORCELAINES DE LA CHINE

ET DU JAPON

198 — Vase-rouleau en ancienne porcelaine de Chine, décor de rochers et fleurs en couleurs sur fond noir.

199 — Vase balustre plat, en ancienne porcelaine de Chine, époque Kien-long : personnages et paysages avec encadrements chair de poule.

200 — Grande bouteille à long col, même porcelaine, émaillée vert-thé, avec dragon en relief autour du col.

201 — Vase-rouleau en ancienne porcelaine de Chine, famille rose : groupe de personnages, parmi lesquels le dieu de longévité offrant la pêche de longévité à l'un d'eux.

202 — Vase-rouleau en ancienne porcelaine de Chine, famille rose : arbres fleuris et oiseaux, en partie surdécorés à froid.

203 — Assiette coquille d'œuf en ancienne porcelaine de Chine, famille rose : au fond, coq et insecte; à la chute et au marli, triple bordure carrelée et clathrée, interrompue par des réserves de fleurs et d'animaux chimériques.

204 — Cornet à renflement médian en ancienne porcelaine de Chine, à couverte bleu soufflé.

205 — Vase cylindrique légèrement renflé, même porcelaine : couverte flambée violet.

206 — Vase balustre aplati, à col quadrilobé, en ancienne porcelaine de Chine, famille rose : compartiments de sujets familiers réservés sur fond bleu pâle, gravé sous couverte et semé de fleurs.

207 — Vase à corps turbiné, en ancienne porcelaine de Chine, famille rose : branches fleuries, sur fond de céladon gris verdâtre ; quelques parties surdécorées à froid.

208 — Brûle-parfums circulaire tripode, en ancienne porcelaine blanche de la Chine, anses têtes d'éléphants ; zone d'ornements gravés sous couverte. Socle en bois dur.

209 — Tabouret de jardin en ancienne porcelaine de Chine, famille verte : lambrequins et rinceaux fleuris.

210 — Plat creux, même porcelaine : oiseaux et branches chargées de fleurs et de fruits ; au revers, dragons en camaïeu bleu ; quelques parties surdécorées à froid.

211 — Plat circulaire en ancienne porcelaine de Chine, famille rose : branches fleuries ; marli carrelé, avec réserves de fleurs.

212 — Plat en ancienne porcelaine de Chine, famille rose : rouleau déployé orné de fleurs ; marli lambrequiné.

213 — Plat creux en ancienne porcelaine de Chine, famille verte : paysage avec cours d'eau ; bordure quadrillée, avec réserves de paysages.

214 — Plat en ancienne porcelaine de Chine, famille verte : personnages ; fleurs et réserves contenant des poussins au marli.

215 — Plateau rond, même porcelaine : personnages.

216 — Jeu de sept plateaux, ancienne porcelaine de Chine, famille rose : palmes sur fond turquoise.

217 — Deux assiettes en ancienne porcelaine de Chine, coquille d'œuf : oiseau sur une branche fleurie.

218 — Deux compotiers en ancienne porcelaine de Chine, coquille d'œuf : branches fleuries et insectes.

219 — Quatre compotiers variés, même porcelaine.

220 — Vase ovoïde en porcelaine de Chine flambée gris et rouge violacé ; petites anses têtes chimériques.

221 — Bouteille forme balustre, à deux petites anses ; même porcelaine : fleurs semées sur fond marron.

222 — Potiche non couverte en ancienne porcelaine

de Chine, famille verte : papillons et fleurs sur fond caillouté.

223-224 — Trois porte-bouquets variés en ancienne porcelaine de Chine : chiens de Fô, sur socle oblong.

225 — Petit groupe de deux personnages souriant, debout, sur un socle, en ancienne porcelaine de Chine.

226 — Flacon ovoïde à goulot étroit, en ancienne porcelaine de Chine : sujet familier.

227 — Petit vase-rouleau en ancienne porcelaine de Chine, famille verte : branches fleuries.

228 — Écran de table formé d'une plaque en porcelaine de Chine, famille verte, à personnages, et d'une monture en bois.

229 — Pitong carré, ajouré, sur base fixe, ancienne porcelaine de Chine, famille rose : rinceaux fleuris.

230 — Porte-bouquet hexagone sur base fixe, même porcelaine ; décor, couleur et dorure.

231 — Bouteille piriforme, à nervures saillantes, en porcelaine blanche de la Chine.

232 — Bouteille, même porcelaine, émaillée rouge-foie de mulet.

233 — Autre, fleurs en blanc sur fond marron.

234 — Petite pagode, même porcelaine, formée d'un fruit ; à l'intérieur, divinité debout, souriant.

235 — Deux vases balustres, même porcelaine émaillée à l'imitation du bronze.

236 — Théière couverte et son présentoir, même porcelaine, famille rose : fleurs en relief.

237 — Deux très petits vases : l'un en porcelaine de Chine, à fond jaune ; l'autre, en vieux blanc de Chine, à décor de feuillages.

238 — Petit vase, ancienne porcelaine de Chine, émaillée bleu empois : rocher fleuri et oiseaux.

239 — Vase ovoïde, à goulot étroit, ancienne porcelaine de Chine, à rinceaux fleuris en jaune et manganèse, sur fond bleu.

240 — Théière couverte en ancienne porcelaine de Chine, décor doré sur fond bleu.

241 — Jardinière circulaire à bords festonnés, en

ancienne porcelaine de Chine, famille rose : fruits et papillons sur fond rose.

242 — Petit vase en céladon gris craquelé de la Chine, à anses et zones réservées en brun.

243 — Deux petits cornets en ancienne porcelaine de Chine, famille verte : arbres fleuris. Monture en bronze.

244 — Gourde plate à panse circulaire, même porcelaine ; réserves d'oiseaux et fleurs sur fond rouge d'or.

245 — Jardinière oblongue lobée, céladon turquoise de la Chine.

246 — Coupe, même porcelaine; couverte flambée violet.

247 — Deux coupes libatoires, dont une sur trois pieds, en ancienne porcelaine de Chine, décor vert, jaune et manganèse.

248 — Sept tasses, dont une avec soucoupe et une lobée, à anses, en ancienne porcelaine de Chine : sujets européens, sujets chinois, fleurs.

249 — Porte-fleurs obconique en ancienne porcelaine de Chine : fleurettes sur fond rouge d'or.

250 — Pot à lait couvert avec présentoir, en ancienne porcelaine de Chine : paysages sur fond rouge d'or.

251 — Deux pièces : pitong et petit vase en ancienne porcelaine de Chine, simulant le bois : réserves de paysages.

252 — Cinq pièces en céladon turquoise de la Chine : flacon, bouteille, gourde, jardinière, vase.

253 — Cinq pièces, porcelaine de Chine : jardinière à couverte marbrée, bouteille soufflée, vase émaillé bronze à décor doré, vase à fleurs sur fond rouge et boite couverte simulant le laque rouge de Pékin.

254 — Trois pièces, porcelaine de Chine, rouge haricot : vase et deux bouteilles.

255 à 258 — Vingt-cinq pièces, porcelaine de Chine flambée, famille rose, etc. : vases, bouteilles, pitongs, coupes, jardinières, boite à fond doré avec couvercle en émail cloisonné.

259 — Deux tasses sans anse et leurs soucoupes, l'une à décor bleu soufflé, l'autre, famille rose, à personnages. Chine.

260 — Tasse sans anse : dragons émaillés vert sur fond jaune clair : époque Kien-long. Chine.

261 — Crachoir, décor de réserves de fleurs et de rosaces sur fond noir. Chine.

262 — Petit brûle-parfums en céladon gris craquelé de la Chine ; couvercle en bois.

263 — Flacon quadrilatéral, décor polychrome et or. Arita.

264 — Deux bols, porcelaine du Japon : poissons dans un filet, oiseaux de Fô et rinceaux dorés sur fond rouge.

265 — Six pièces, porcelaine du Japon : coquetier, pitong carré avec couvercle d'ivoire, boîte lenticulaire, tasse avec soucoupe, tasse octogone, petit pitong rond couvert.

266-267 — Cinq pièces : compotiers et coupe sur piédouche, porcelaine du Japon : personnages, fleurs.

268 — Plateau carré : décor bleu, rouge et or, dragons, grecques et rosaces. Arita.

269 — Statuette de Bouddha assis sur le lotus, méditant ; décor au naturel. Owari.

270 — Dieu de longévité sur le cerf. Statuette en camaïeu bleu. Hirado.

271 — Vieillard assis, décor polychrome et doré. Arita.

272 — Porte-bouquet en forme de carpe sur les flots ; camaïeu bleu. Hirado.

273 — Personnage grotesque jouant avec un crapaud. Porcelaine blanche. Hirado.

274 — Jardinière carrée à pans coupés ; pourtour en biscuit encadré de céladon vert. Owari.

275 — Bassin ovale, décor bleu. Arita.

276 — Jardinière côtelée, décor bleu : dragons. Arita.

277 — Tasse et soucoupe, décor polychrome à double paroi, dont l'une réticulée à jour. Arita.

278 — Deux pièces : Chat et Chien. Japon.

279 — Pot à thé couvert, décor en camaïeu bleu, rinceaux et bâtons rompus. Japon.

280 — Deux pièces : branches fleuries. Porcelaine et poterie. Japon.

POTERIES DU JAPON

281 — Pot à thé simulant la vannerie, avec chien de Fô sur le couvercle. Grès de Bizen.

282 — Combat de chiens de Fô. Grès de Bizen.

283 — Vache couchée. Japon.

284 — Brûle-parfums en forme d'oiseau sur un rocher. Japon.

285 — Deux pitongs cylindriques : paysage et palmettes. Japon.

286 — Théière couverte. Kinkozan.

287-288 — Cinq pièces : jardinière, coupe, bouteille, deux brûle-parfums. Satzuma.

289-290 — Cinq pièces : bouilloire, pot à eau, bouteille, coq sur un sac, coupe en partie réservée en biscuit. Awata.

291-292 — Dix-sept pièces : coupes, écran de table, porte-bouquet, pitongs, bouteilles, vases. Japon.

293 — Petit groupe : Femme et Enfant. Japon.

294 — Chien et loup.

295 — Coupe libatoire en forme de feuille d'eau, rehauts de dorure. Japon.

296 — Écritoire à décor de paysages et animaux de style chinois. Accessoires à l'intérieur. Awata.

297 — Vase cylindrique à col évasé, à pourtour ajouré en manière de carrelages et récipient intérieur : décor de fleur et oiseau, couleurs et or. Awata.

298 — Six pièces, Satzuma : trois théières, coupe couverte, coupe couverte sur piédouche et support.

299-300 — Douze pièces, Satzuma : gobelets, bols.

301 — Statuette de femme. Satzuma.

302 — Six plateaux et compotiers variés. Satzuma.

303-304 — Dix-sept pièces, poterie du Japon : pitongs, flacons variés, gourde, coquetier, petites boites, bol, tasse couverte, théière.

305 — Quatre petites théières variées. Satzuma.

GARDES, KODZUKA, KOGAÏ

ARMES

306 — Trois gardes en sentokou avec applications : guerriers déroulant un kakemono, chauve-souris au clair de lune, vol d'oiseaux sur fond rugueux simulant le bois.

307 — Deux autres, l'une en shibuitshi avec applications, l'autre en cuivre rouge : tortue, vol d'oiseaux.

308 à 309 — Cinq autres en shakoudo, avec applications : couronne de fleurs, feuilles de mauve sur fond treillissé, feuilles de mauve et objets mobiliers ajourés, fleurs, vol d'oiseaux au-dessus d'une rivière.

310-311 — Treize autres en fer ajouré, avec applications ou en partie doré : oiseaux, fleurs, poissons.

312 — Deux gardes en shibuitshi, avec applications, l'une unie présentant une femme portant un fardeau sur sa tête, l'autre légèrement grenue, branches fleuries et oiseaux.

313 — Deux autres, l'une en sentokou : oiseaux au-

dessus de la mer; l'autre en bronze rouge : personnage.

314 — Deux autres en shibuitshi, l'une à décor de branches fleuries, l'autre ajourée, à feuillages et attributs divers.

315 — Deux autres en fer, l'une, arbre et oiseau; l'autre, ajourée, combats, de l'école de Soten.

316 — Garde quadrilobée en shakoudo chagriné, ornée d'une charrette de fleurs en applications de sentokou.

317 — Cinq manches de kodzuka en shibuitshi, avec applications : oiseau et cloche, personnage sous l'orage, canards sur la rivière, brûle-parfums, combat de deux démons.

318 — Cinq autres, shibuitshi avec applications : serpent, fleurs, personnages, oiseau sur une branche, pieuvre et poissons.

319-320 — Neuf autres, fer, cuivre et sentokou, avec applications : enfant, réunion de personnages, dieu de longévité, dragon, chien tenu en laisse, personnage masqué, fleurs, hibou, pigeons.

321 — Cinq autres en shakoudo chagriné ou uni,

avec applications : oiseaux sur une branche, bambou, poisson, dragon, oie au clair de lune.

322 — Six autres en shakoudo chagriné, avec applications : un des gardiens du Monde, langouste, casque, faucon, Marissiten, dieu de la guerre, sur le sanglier ; grue.

323 — Quatre manches de kodzuka en bronze rouge : animal chimérique, têtes grotesques, singe et faucon, et treillis en sentokou et shibuitshi.

324-325 — Cinq autres en sentokou : grue, feuilles, combat de chiens de Fô, cigogne, oiseau sur un perchoir.

326 à 328 — Dix autres en shakoudo : bambou, squelette, instrument de musique, gourde, araignée, fleurettes, singes, libellule, oiseau, croissant de la lune.

329-330 — Sept autres en fer, avec applications : personnage, oiseaux, insectes.

331 — Six kodzuka à manches de fer, shakoudo, bronze rouge : armoiries de Taïko, insectes, lézards, personnage, fleurs, dragon.

332 — Cinq kogaï à poignées de shakoudo : oiseaux, dragon, bannière, fruit, cheval.

333 — Quatre autres en shibuitshi, dont deux en deux parties : tortue, coquillages, oiseau, fleurettes.

334 à 336 — Vingt kanamono en shibuitshi, cuivre, fer, bronze rouge : dragons, personnages, tortue, grue, masques.

337 — Quatre anneaux et bouts de sabres, fer, sentokou, bronze rouge, avec applications : fleurs, poissons, oiseaux.

338-339 — Sept autres, shakoudo et shibuitshi, avec applications : objets mobiliers, treillis, fleurs, oiseaux.

340 — Huit kanamono en shibuitshi, shakoudo et bronze rouge : oiseaux, fruits, personnages.

341 — Deux menouki, bronze rehaussé de dorure : personnages.

342 — Sabre japonais, fourreau en bois laqué poudré rouge et noir, garde en fer.

343 — Petit sabre japonais, fourreau en bois laqué, avec kodzuka.

344 — Trois lances japonaises variées, bois laqué incrusté de burgau et bois naturel.

345 — Armure japonaise, avec caisse et enveloppe en cuir présentant un blason.

346 — Carquois en laque du Japon, à fond noir.

BRONZES DU JAPON

ET DE LA CHINE

347 — Brûle-parfums formé d'un vase cylindrique couvert, sur piédouche et à anses feuillages; il est orné d'un sujet légendaire en bas-relief : le couvercle est surmonté de deux oiseaux, et le piédouche simule des branches fleuries sur lesquelles est posé un oiseau. Bronze. Japon.

348 — Deux vases balustres à anses feuillages et sur piédouche, ornés de deux compartiments de dragons en bas-relief; col et piédouche décorés de rinceaux damasquinés argent. Bronze. Japon.

349 — Deux statuettes se faisant pendants : Homme et Femme debout, sur socle ajouré et à galerie. Bronze. Japon.

350 — Vase orné de dragons en relief sur base formée d'un dragon. Bronze. Japon.

351 — Vase à deux anses en bronze simulant l'osier : des crabes rampent le long de ses parois. Japon.

352 — Brûle-parfums formé d'un chien de Fô attaqué par un oiseau de proie. Bronze. Japon.

353 — Personnage assis, un rouleau à la main, sur base carrée. Bronze. Japon.

354 — Daïkokou assis; socle oblong. Bronze niellé argent. Japon.

355 — Brûle-parfums oblong couvert, sur quatre pieds élevés et à anses surélevées; décor de branches fleuries : chien de Fô sur le couvercle. Bronze doré. Japon. Socle en bois.

356 — Brûle-parfums couvert formé de trois fruits accolés. Bronze. Japon.

357 — Shibatchi couvert à anse, de forme sphérique surbaissée, en bronze du Japon, à décor damasquiné d'oiseaux de Hô et rinceaux. Socle en bois noir.

358 — Vase balustre sur piédouche contourné en bronze du Japon, à décor de rinceaux argentés; anses dragons.

359 — Brûle-parfums couvert formé d'un tonnelet accosté de deux figurines d'enfants et surmonté d'un autre enfant masqué. Bronze. Japon.

360 — Deux flambeaux à tiges feuillages supportées par une grenouille. Bronze. Japon.

361 — Brûle-parfums oblong couvert : animaux chimériques en relief. Bronze. Japon.

362 — Presse-papiers formé d'un pont près duquel se tiennent deux personnages. Bronze. Japon.

363 — Bouteille à deux anses : lambrequin. Bronze noir. Japon.

364 — Bouteille ornée d'un dragon le long du col ; bronze frotté d'or. Japon.

365 — Pitong cylindrique : branches fleuries dorées. Bronze. Japon.

366 — Théière couverte, à anse, en bronze du Japou, décor de dragons en bas-relief.

367 — Kirin, animal fabuleux, en bronze du Japon, formant brûle-parfums.

368 — Statuette de personnage debout. Bronze. Japon.

369 — Brûle-parfums couvert formé d'un oiseau sur un perchoir. Bronze. Japon.

370 — Bouilloire couverte, avec brasier, en forme de gourde, à double renflement. Bronze. Japon.

371 — Statuette de dieu chinois assis sur un rocher. Bronze.

372 — Trois pièces en bronze : petite boite en forme d'éventail, ornée de chevaux, pitong cylindrique décoré d'oiseaux et petit brûle-parfums couvert, orné d'inscriptions.

373 — Deux petites tasses et soucoupes, fleurettes réservées sur fond noir. Bronze. Japon.

374 — Petit brûle-parfums tripode et couvert ; décor de paysages gravés sur fond noir. Bronze. Japon. Socle en bois

375 — Coupe circulaire à anses : dragons en léger relief, grecques argentées. Bronze. Japon.

376 — Vase à panse sphérique sur pied à double nœud, anses dauphins. Bronze. Japon.

377 — Vase balustre losangé, grecques en léger relief : petites anses insectes. Bronze. Japon.

378 — Théière couverte en cuivre martelé : inscriptions. Japon.

379 — Petite coupe couverte en bronze, ornée de lambrequins rapportés. Japon.

380 — Théière couverte à anse surélevée en bronze du Tonkin : fleurettes en relief et gravées.

381 — Chandelier formé d'une grue debout, sur une tortue. Bronze. Japon.

382 — Brûle-parfums en forme de canard. Bronze. Japon.

383 — Vase balustre aplati, couvert et à anse torsade, à décor de motifs et arêtes gravés et en relief. Bronze. Japon.

384 — Brûle-parfums à quatre pieds, simulant une pelote de ficelle. Bronze. Japon.

385 — Deux jardinières, l'une à pieds en forme de ling-tchi, l'autre ornée de chauve-souris et oiseaux de Hô. Bronze. Japon.

386 — Brûle-parfums en forme de kirin assis. Bronze doré. Japon.

387 — Brûle-parfums couvert, en forme de coq. Bronze. Japon.

388 — Petit brûle-parfums oblong couvert, à base découpée. Bronze niellé argent. Japon.

389 — Jardinière cylindrique, décor de feuillages, cuivre partiellement doré et niellé argent.

390 — Brûle-parfums en forme de chien de Fô debout. Bronze. Japon.

391 — Deux théières couvertes à anse ; décor de feuilles et fleurs, sur fond rugueux. Bronze. Japon.

392 — Vase de forme aplatie et à deux anses en forme de tubes : motifs variés en léger relief. Cuivre repoussé. Japon.

393 — Écritoire en bronze, ornée d'oiseaux. Japon.

394 — Étui-nécessaire pour fumeur, en forme de poisson articulé, en cuivre gravé avec accessoires.

395 — Petit brûle-parfums tripode couvert, orné de fleurettes en relief. Bronze doré. Tonkin.

396 — Jardinière sphérique, ornée de fleurettes et animaux gravés et en relief, anses dragons. Bronze doré. Tonkin.

397 — Jardinière oblongue lobée en bronze doré, à rinceaux en relief avec plaques en jade vert rapportées, ornées de fleurs en léger relief. Chine.

398 — Divinité assise faisant le geste de charité. Bronze. Thibet.

FERS, ÉMAUX CLOISONNÉS

399 — Deux petits vases en fer partiellement doré et argenté, sur fond noir : réserves de fleurs et de paysages. Japon.

400 — Petit brûle-parfums en fer ajouré partiellement doré et damasquiné, formé d'un vase losangé couvert ; décor d'oiseau de Hô et de dragon.

401 — Boîte oblongue en fer avec applications et incrustations d'or et d'argent : Enfants dans une barque, paysages sur fond carrelé. Japon.

402 — Autre plus petite en fer partiellement laqué : branches et oiseaux. Japon.

403 — Petite théière couverte en fer, ornée de chiens de Fô rapportés en bronze. Japon.

404 — Deux pitongs en fer : pieuvres, poissons en léger relief et dorés. Japon.

405-406 — Dix pièces : huit plateaux variés et deux bols, émail cloisonné du Japon.

407 — Aiguière, émail cloisonné du Japon.

408 — Cornet en émail cloisonné de la Chine, à lambrequins sur fond bleu clair.

409 — Vase balustre à quatre faces, en émail cloisonné de la Chine : animaux et inscriptions sur fond bleu clair.

410 — Brûle-parfums couvert en forme d'oiseau et sur deux roues. Bronze partiellement doré et émaillé.

411 — Deux ornements de temple en bronze doré et émaillé presque semblables, formés d'un éléphant supportant un petit vase d'où s'échappe un lotus. Socle en bois. Chine.

412 — Deux petits vases balustres en bronze doré et partiellement émaillé : canards et motifs divers.

413 — Petit vase cylindrique couvert en bronze doré et émaillé à gouttelettes : rinceaux. Chine.

414 — Trois pièces, émail cloisonné de la Chine : bol, boîte lenticulaire, et petit vase.

OBJETS VARIÉS

415 — Théière couverte en argent gravé, décor d'oiseaux de Hô. Japon.

416 — Autre en argent uni.

417 — Autre en argent martelé.

418 — Autre en argent uni, de forme cylindrique avec enveloppe en bois laqué.

419 — Petite boîte circulaire couverte, de forme élevée, en argent gravé avec parties émaillées.

420 — Petite boîte simulant un fruit avec rehauts d'émail.

421 — Trois petits porte-bouquets, l'un en argent ajouré, les autres en cuivre.

422 — Trois pièces : bouton en forme de feuille d'eau en or, flacon en filigrane d'argent en partie émaillé et bouton ajouré en shibuitshi. Japon.

423 — Coupe en plomb simulant la vannerie.

424 — Cantine de fumeur en bois naturel partiellement laqué or, argent et couleurs, décorée d'objets mobiliers et d'oiseaux : anse, récipient et garnitures en métal. Japon.

425 — Écritoire en bois dur naturel avec applications d'ivoire, nacre et parties laquées : oiseau sur une branche ; l'intérieur est en laque aventurine et contient la pierre à broyer l'encre et un compte-gouttes en burgau. Japon.

426 — Boite longue en bois naturel ; sur le couvercle, branche de chrysanthèmes en nacre, écaille, ivoire rapportés. Japon.

427 — Boîte en bois naturel sculpté affectant la forme d'une feuille d'éventail : branche de chrysanthèmes en jade, pierre de lard, etc., sur le couvercle. Japon.

428 — Deux boîtes en bois naturel rehaussé de laque, l'une lenticulaire, l'autre à couvercle repercé en métal.

429 — Deux tabourets en bois laqué noir avec applications de nacre, burgau, ivoire teint, etc., décor d'arbres fleuris et oiseaux. Japon.

430 à 432 — Douze flacons-tabatières en verre, agate et jade.

433-434 — Sept flacons-tabatières variés, porcelaine et vieux blanc de Chine.

435 — Pot ovoïde en verre de couleur, décor à froid de rinceaux. Socle en bois. Chine.

436 — Petite coupe à anses, ornée d'inscriptions en verre simulant le jade. Chine.

437 — Deux trousses, bois incrusté d'os et bambou, avec couteau et baguettes, l'une, accompagnée d'un étui en forme de poisson articulé en argent. Japon.

438 — Bol en écaille.

439 — Ceinture en cuir, avec plaque et médaillons incrustés de burgau.

440 — Instrument de musique en bois laqué noir orné d'une plaque en argent, partiellement émaillé, à dragons, rinceaux et inscriptions. Japon.

441 — Siô, flûte japonaise à dix-sept tuyaux, partiellement laquée.

442 — Chapeau japonais, bois laqué rouge, noir, or et argent.

443 — Pipe japonaise, bois et métal.

444 — Trois pièces : petite boîte et coquetier en bois, et petite boîte formée d'un fruit laqué intérieurement.

445 — Deux petites vitrines basses.

446 — Deux paravents, étoffe peinte : paysages, oiseaux, branches fleuries.

447 à 451 — Environ cinquante-deux albums japonais variés avec gravures, peintures sur étoffe, etc.

452 — Lot d'aquarelles japonaises.

453 à 455 — Environ quinze kakémonos.

456 à 459 — Quarante volumes reliés ou non, la plupart relatifs au Japon, parmi lesquels l'*Histoire de la porcelaine*, de Jacquemart, édition Techener, 1861, 3 vol.; *l'Art japonais*, de Gonse, édition Quantin, 1883, 2 vol. illustrés; *United States Japan Expedition*, by Commodore Perry, Washington, 1856, 4 vol.; *le Japon illustré*, par Aimé Humbert, édition Hachette, 1870, 2 vol.; *Histoire du Japon*, de Kæmpfer, La Haye, 1729, 2 vol. illustrés; *The pictorial arts of Japan*, by Anderson, London, 1886, 1 vol. illustré; *la Céramique japonaise*, par Andsley et Bowes, Didot, 1878, 5 livraisons illustrées, etc.

460 — Nombreuses photographies, paysages et personnages japonais.

461 — Miniature persane : personnages dans un paysage. Encadrée.

462 — Autre plus petite : groupe de personnages. Encadrée.

ÉTOFFES

463 — Robe japonaise, satin bleu brodé d'oiseaux.

464 — Panneau de tenture en hauteur en soie bro-

chée du Japon, représentant un semé d'éventails sur fond bleu.

465 — Autre représentant des navires européens.

466 — Deux autres : oiseaux et rinceaux sur fond bleu.

467 — Fragment triangulaire en étoffe verte brodée : dragon.

468 — Foukousa en satin bleu brodé : fleurs et chauve-souris.

469 — Deux autres, l'un en soie verte brodée et peinte : dragons ; l'autre en satin bleu pâle brodé : buveurs de saké.

470 — Autre, satin bleu brodé : personnages.

471 — Deux autres, l'un satin bleu brodé : armoirie ; l'autre satin rouge brodé : oiseaux.

472 — Tableau circulaire en soie bleue brodée : dragon.

473 — Petit tapis de table circulaire en satin rosé brodé de fleurs au point de chainette.

www.ingramcontent.com/pod-product-compliance
Ingram Content Group UK Ltd.
Pitfield, Milton Keynes, MK11 3LW, UK
UKHW020433180726
13839UKWH00003B/1473